DATE:

I0785985

DATE:

DATE:

DATE:

DATE:

DATE:

DATE:

DATE:

DATE:

DATE:

DATE:

DATE:

DATE:

DATE:

DATE:

DATE:

DATE:

DATE:

DATE:

DATE:

DATE:

DATE:

DATE:

DATE:

DATE:

DATE:

DATE:

DATE:

DATE:

DATE:

DATE:

DATE:

DATE:

DATE:

DATE:

DATE:

DATE:

DATE:

DATE:

DATE:

DATE:

DATE:

DATE:

DATE:

DATE:

DATE:

DATE:

DATE:

DATE:

DATE:

DATE:

DATE:

DATE:

DATE:

DATE:

DATE:

DATE:

DATE:

DATE:

DATE:

DATE:

DATE:

DATE:

DATE:

DATE:

DATE:

DATE:

DATE:

DATE:

DATE:

DATE:

DATE:

DATE:

DATE:

DATE:

DATE:

DATE:

DATE:

DATE:

DATE:

DATE:

DATE:

DATE:

DATE:

DATE:

DATE:

DATE:

DATE:

DATE:

DATE:

DATE:

DATE:

DATE:

DATE:

DATE:

DATE:

DATE:

DATE:

DATE:

DATE:

DATE:

DATE:

DATE:

DATE:

DATE:

DATE:

DATE:

DATE:

DATE:

DATE:

DATE:

DATE:

DATE:

DATE:

DATE:

DATE:

DATE:

DATE:

DATE:

DATE:

DATE:

DATE:

DATE:

DATE:

DATE:

DATE:

DATE:

DATE:

DATE:

DATE:

DATE:

DATE:

DATE:

DATE:

DATE:

DATE:

DATE:

DATE:

DATE:

DATE:

DATE:

DATE:

DATE:

DATE:

DATE:

DATE:

DATE:

DATE:

www.ingramcontent.com/pod-product-compliance
Lightning Source LLC
Chambersburg PA
CBHW060057260726
48658CB00004B/1324